Der
EXIT
CODE

HANDBUCH ZUR
MANIFESTATION
EINES BESSEREN LEBENS

Simulationstheorie 2.0
-
Band 2

bryan.blackwater@gmx.at

Einödstraße 29, 8052 Graz

www.reality-reloaded.com

Herstellung und Verlag:

BoD Books on Demand, Norderstedt

ISBN: 978-3-7528-9448-6

Erste Ausgabe, 2021

Inhaltsverzeichnis

Vorwort

In Band 1 der Simulationstheorie, „Das simulierte Universum", habe ich bereits ausführlich die Simulation, in der wir leben, beschrieben und wie man sie erkennen kann. In diesem Buch geht es nun darum, die Schritte ganz gezielt umzusetzen, die dazu führen können, die Simulation und das eigene Umfeld zum Besseren zu verändern. Es empfiehlt sich dringend, Band 1 zuvor zu lesen, aber dies ist keine absolute Notwendigkeit. Es trägt jedoch sehr zum besseren Verständnis dieses Buches bei.

Hier geht es nun darum, die Simulation in der wir uns befinden, gezielt zu beeinflussen. Dies geschieht in drei Phasen:
Phase 1 deprogrammiert das Unterbewusstsein durch euren positiven Willen, um von Fremdeinflüssen so gut es geht frei zu werden.

Seid ihr möglichst frei von Fremdprogrammierungen, so kann in Phase 2 versucht werden, das eigene Unterbewusstsein neu zu gestalten/zu verbessern. Und zwar in jeder Variante, so wie ihr es möchtet.

In Phase 3 geht es schließlich darum, unser Umfeld ganz gezielt durch unseren Willen zu verändern.

Das Werkzeug dazu ist unser Bewusstsein. Wie in Band 1 beschrieben, generiert unser Bewusstsein unser Welt neu, wenn wir die Macht des Unterbewusstseins (welches jede Fremdprogrammierung enthält) durchbrechen. Wenn alle Fremdsteuerung abgelegt wurde, kann die eigene Welt erstmals gänzlich zum Vorschein kommen.

Um diese sehr fest angelegten Strukturen (die euch vor allem die Medien angelegt haben) zu durchbrechen, muss das Unterbewusstsein erst einmal davon überzeugt werden, dass es diese gespeicherten Daten loswerden möchte. Das ist sehr schwer. Doch es gibt ein Mittel, gegen das sich das Unterbewusstsein, eure Grundprogrammierung, nur schwer wehren kann: „Randomisierte Daten"!

Da jede Prägung in unserem Gehirn in Datensätzen gespeichert ist (wie in jedem Computer) können nur neue Datensätze diese überchreiben. Da das Gehirn nutzlose Daten nur kurz speichert und sie dann löscht, liegt hier der Schlüssel: Indem dieser Speicher mit scheinbar nutzlosen Daten geradezu geflutet wird, hält das Unterbewusstsein diese Daten für wichtig und das Gehirn speichert sie erst einmal.

Durch zielgerichtetes Denken werden die Daten dabei über genau jene Muster geschrieben, die ihr loswerden möchtet (dazu später mehr).

Die Fremdprogrammierung wird mit „randomisierten Daten" überschrieben. Diese wird das Gehirn nun analysieren müssen (das geschieht hauptsächlich im Traum). Schnell wird es merken, dass es mit diesen Daten nichts anfangen kann und löscht sie. Doch mit den Daten wird auch die „darunterliegende" Information gelöscht, nämlich eure Fremdprägung!

Mit dieser Methode ist es möglich, jede unerwünschte Fremdprägung ganz gezielt zu entfernen.

---------- DOCH VORSICHT ----------

Die Daten, die ihr speichert, werden mit jenen Gedanken und Emotionen verknüpft, die ihr beim Lesen der randomisierten Daten gerade habt! Solltet ihr also destruktive Gedanken haben oder sollte es euch nicht ganz so gut gehen, solltet ihr es nicht tun. Sonst werden die Fremdprägungen durch Negativ-Prägungen ersetzt!

Die folgenden Lektionen sind also bitte nur DANN zu absolvieren, wenn es euch psychisch so weit gut geht, dass ihr in der Lage seid, positive Gedanken zu haben. Am besten versucht ihr zuvor ein wenig zu meditieren, auf welche Art auch immer. Euer Geist sollte möglichst klar und ruhig sein und euer Körper möglichst frei von Stresshormonen.

Das ist immens wichtig, da sonst neue Fehlprägungen auftreten können, die euch dann wiederum das Leben schwer machen.

Die nachfolgenden Lektionen sind sofort zu unterbrechen, wenn ihr: Stress bekommt, Angst bekommt, in schlechte Stimmung geratet oder negative Gedanken sich einschleichen. Erst wenn der Geist wieder frei ist, darf die Lektion fortgesetzt werden.

Doch geht ohne Angst an die Lektionen heran, denn ihr habt die Macht, die ihr dazu benötigt, wenn ihr bereit wart, dieses Buch zu kaufen um es ernsthaft zu lesen! :-)

In 90 Tagen zu einem besseren Leben.

Zu Beginn müssen wir, wie eingangs schon beschrieben, unsere Fremdprogrammierung loswerden. Diese kennzeichnet sich durch all die negativen Aspekte, die wir denken, fühlen und nach denen wir handeln. All die negativen Impulse, die uns täglich das Leben erschweren.

Wir haben unbewusst Angst vorm „schwarzen Mann", weil unsere (Ur)-Großeltern afroamerikanische Männer mit Soldaten verknüpft haben und somit mit „Feinden" und weil unserer fernen Vorfahren sie als Sklaven hielten und sie als minderwertig betrachteten. Die allermeisten von uns unterliegen diesem Erstimpuls, wenn wir einen Menschen mit sehr dunkler Hautfarbe sehen. Die meisten können diesen Impuls natürlich Gott sei dank schnell unterdrücken um ihm nicht zu erliegen. Doch er ist unbewusst da, da er epigenetisch programmiert wurde (s. Band 1).

Oder die klassische Insektenangst. Alles was „brummt" ruft in uns eine sofortige Reaktion aus. Manchmal nur ein Unbehagen, manchmal ergreifen wir sogar die Flucht. Auch dies basiert auf uralten Programmierungen, die epigenetisch vererbt wurden und nur schwer zu überwinden sind (vor allem Arachnophobie an der extrem viele Menschen leiden).

Die umfassendste aller Programmierungen ist jedoch die Xenophobie, die Angst vor Fremden/Fremdem. Früher war sie ein Schutzmechanismus, der uns das Überleben ermöglichst hat. Heute wird sie vor allem durch die Medien und Nachrichten ständig geschürt, obwohl wir heute eigentlich in dem allermeisten Fällen keine Angst mehr vor Fremden haben müssten. Täglich hören wir von Kriegsgruppen im fernen Ausland, von Terrorakten auf der Welt die von gesichtslosen Menschen verübt werden, von fremden Menschen die sich auf unsere Kosten bereichern wollen, von Kinderschändern, die an jeder Ecke lauern und Diebesbanden, die von Haus zu Haus ziehen. Ja, manches davon ist im Detail existent, aber bei Weiten nicht in dem Ausmaß, wie es uns die Medien suggerieren. Hier werden wir massiv programmiert. Daher ist es essentiell wichtig, vor einer Deprogrammierung die Medien selbst loszuwerden (s. Band 1).

All diese Fremdprogrammierungen haben nur ein Ziel: Uns daran zu hindern, das zu sein, was wir wirklich sind.

Und sie hindern uns massiv an unserer Entwicklung.

Der erste Schritt muss also sein, diese Programmierungen zu löschen, damit wir ihnen nicht mehr erliegen. Zwar kann man dies trainieren, doch es verhindert nicht den „Erstimpuls", da dieser aus dem Unterbewusstsein kommt.

Diesen Erstimpuls müssen wir dann jedes Mal bewusst bekämpfen. Doch wie leicht wäre es, wenn dieser Erstimpuls erst gar nicht auftreten würde! Und genau das ist möglich. Über gezielte Deprogrammierung:

Wie eingangs schon erwähnt, können wir mit „randomisierten Daten" (RD), also Daten, die für uns kein erkennbares Muster ergeben, jede Speicherstelle im Gehirn überschreiben.

Am Beispiel der Spinnenangst würde das so ablaufen:

Während des Rezitierens der RD denke ich ganz bewusst an meine Angst die ich vor Spinnen habe. Das ist vielleicht nicht besonders angenehm, aber es sind ja derzeit nur Gedanken. Dabei lese ich aktiv und laut die RD vor. Dieser kombinierte Vorgang ist nicht einfach, denn entweder denken wir an Spinnen oder an die Daten, die wir gerade lesen.

Aber beides gleichzeitig zu bewerkstelligen erfordert eine hohe Konzentration!

Doch genau durch diese Konzentration speichert das Gehirn nun die RD an genau jenen Stellen, die die Daten unserer Spinnenangst enthalten. Sie verknüpft sie miteinander. Das merken wir natürlich nicht, aber es geschieht.

Wenn wir nun danach schlafen, schaltet das Gehirn auf „Wartungsmodus" und wertet die Daten aus, die es am Tag empfangen hat, so wie immer. Diese werden verarbeitet und mit unseren bisher gemachten und gespeicherten Erfahrungen verglichen. So auch die RD.

Wertet das Gehirn die Daten als „nützlich", so werden sie ins Langzeitgedächtnis transferiert. Wertet es sie als „nutzlos", werden sie schlicht gelöscht. Wir vergessen sie. Die RD sind nutzlos und werden somit dauerhaft gelöscht.

Da nun in den Speicherstellen der Spinnenangst eine Löschung stattfindet, gehen dort Daten verloren. Wird dieser Vorgang nun wiederholt, so gehen immer mehr „Spinnendaten" verloren und am Ende ist die Spinnenangst Geschichte, da das Gehirn nicht mehr auf den Datensatz zugreifen kann.

Im Prinzip kann so mit jeder beliebigen Programmierung verfahren werden. Doch sollten die RD immer unterschiedlich sein, denn wenn das Gehirn immer die gleichen RD bekommt, beginnt es sie als „wichtig" zu erachten und speichert sie dauerhaft ab.

Wir lernen sie auswendig. Daher sind die folgenden Lektionen so aufgebaut, dass sich die RD niemals gleichen und das Gehirn stets dazu verleiten wird, sie zu löschen.

Wenn wir uns nun die Daten von „Tag 1" nachfolgend anschauen, dann sehen wir, dass sie sehr beliebig sind. Das müssen sie auch sein, denn das Gehirn darf darin keine Strukturen finden. Natürlich kann es immer wieder Autisten geben (als Beispiel), die darin eine Struktur finden. Aber wir gehen hier mal davon aus, dass die Leser keine Autisten sind :-)

Lektion 1
Die Deprogrammierung

Alle drei folgenden Lektionen bestehen aus jeweils 29 Datenblöcken, von denen an jedem Tag nur einer gelesen werden soll. Dabei ist es wichtig, dass ihr die Daten laut aussprecht und langsam und gezielt lest und es ist egal, ob ihr „stolpert" oder nicht, oder kurz innehaltet. Im Gegenteil: Je randomisierter ihr die Daten lest, desto stärker ihr Effekt. Denn auch ein gleichmäßiges Lesen wird vom Gehirn als „Muster" erkannt und die Daten werden gespeichert und verknüpft. Doch genau das soll ja nicht passieren.

In Lektion 1 könnt ihr nun genau das visualisieren, was ihr loswerden möchtet. Je stärker ihr beim lauten Vorlesen daran denkt, desto größer der Effekt. Wenn euch negative Gedanken kommen, die mit anderen Dingen zu tun haben, hört sofort auf zu lesen und versucht wieder zurück zu euren ursprünglichen Gedanken zu gelangen bevor ihr mit dem Lesen wieder anfangt.

Lest immer zu unterschiedlichen Uhrzeiten und möglichst nicht mehrere Tage hintereinander. Ab besten geeignet ist der späte Nachmittag ab 17 Uhr.

Versucht auch den Lese-Rhythmus selbst zu randomisieren, denn auch ein bestimmter Leserhythmus wird von Gehirn abermals als Muster erkannt und gespeichert.

Wenn du nun dazu bereit und gut vorbereitet bist, stelle dir deine unerwünschte Fremdprogrammierung vor und beginne laut und deutlich damit, dir selbst die Daten vorzulesen:

Tag 1

8bfs9 d46lo 8d444 9t3lx 86gbe 009st

1xmiq eo104 qwggr l34w8 4su27 6288q

4xpj9 207bl 7d060 kg957 08pw0 rwm9c

d9wvi 5mum3 7e8qt i1it3 i9yi5 4t32r 9i903

37361 436dl s264m uawk9 7040j j2910

4i601 ef940 9cdl8 8u419 g9ztz s18n3 98kn5

a1b64 6wv24 g59mh 6mb2h 9hvn2 dd89b

z6lwj 57bv4 o4i24 971jf u2z4f 5ku42 cm3dp

7ds38 c015o p5ofn 95vu5 5hch3 5nm6s

kd2g5 o11v0 ag1xt bh7b7 1g6z2

Tag 2

g78dg 7re9k 856y0 z7bm2 56pr7 0w3ob

9zjng 1lm1o v5n9j sv6x8 xdtxs d00no ov120

89kkd v64ix 60j5o 4z1m8 532o1 765mg

1ayib 2l6uh f3dd5 mq242 y61o4 19792 04kxl

b920w 91qnr y107l p89lq laf78 9t12a 30udc

540ez cl6hp 04kwe kpmp3 ofcsn jr204

6595j 815o8 p90e9 m9tpr 0274r 99g44

668g9 j5kih 2jp35 3t02l 7c52r 24698 mk5l5

1809r ynpzw

Tag 3

7d2kg 67wk1 43w4b 87852 90bkt 9yd16

z6u98 4nm3t 680or 5rds3 i0yz8 lal6m 9lta5

ga09a l62ix bulh0 ch687 6928x uenzo

3969a ja128 08y8w g66h8 5tu9i xz0ng

4efa8 71sou 5678l 575s4 w20yc o1c30 v52rn

9htke 1d7si 059d8 8aarz h0c73 28r86 rh8u5

9733z 5643r zh266 5727r z38k4 9h4m6

n03r6 mcd92 23e7d r8819 2975z y1m93

fw7c2 vxa7k ywbz4 cb1e7 1980v 3hdwo

23i2c 2r001 ciy11 1j529

Tag 4

i2cxt e8sa9 cgsz5 2zsj7 uzizd sj2g8 46410

19d7y d4k91 bbxp8 456iv sb3r1 3u5c1 075ti

84848 54bp4 887v1 06rr9 3db90 4la9o

c19t9 fuu62 zont1 bmmc6 857do 190d6

m0teh 2p10d rni29 wp8qx 7ii8e p7zka

kbufa m64cs 78g0e qqbh7 17985 l524n

m797v 5np13 4x4zr dfsi4 t2o1e aaqj6 w6b2a

t4l2w 296qp 5x54 qmlx3 5c877 8i232 90497

91c61 il2ad 713t2 j3x7k 8r018 68wk4 0s390

73td4 01219 836vg s1o43

Tag 5

qgd79 k6bef ysc0w 0ep72 28mcq o9zhu

ky16v gi46b 14qqt c7lsu 764kq 2j9s4 43189

fw158 nlsj3 ertw7 23j0l 0ui29 9zsd3 o6eod

b63fd mll46 95y7p 3k42a 593m2 2foiz

ob9py ve114 5dqlx bj7t8 54yko 5239f l0j1t

7tv25 hct1g 780a3 gw35d jzy37 29zoy

qm760 w4s7y f276o 792x4 z0mcm 1i6b9

fk45j w3yu7 rh3y5 o1387 87qc6 6v921

4xq84 38166 860b9 c1k9a 173mc r3y06

tgkb1 g59s8 t2fzy 646iv pfwa3 sh124 ys745

Tag 6

lrpy1 g3v92 gw6j5 7bc79 n4o4p a0648 9jt01

9d76b f0j0h 8h83h 8531v 50hv5 o1019

meqx5 i6t6e qsh50 7nc5n 0k2qs 9991t

nhhp8 dnhi1 854z6 d5i6d 1y963 a4271

ed64h k9iw2 h9xw2 5t210 l68gy 38no7

dg00m vd4l7 j1097 wwjkl hl174 73i46 625h2

i7s4q 8v91x ir238 80zvw 6w75n 9mt61

9x8ml i6ty0 try8t i42zw 0a1wh 6nvy3

3dbr5 p3w99 u440c 70458 z9646 cq00j

u31bq b7qvd ts2c1 z9784

Tag 7

nws7o m0dq4 8633j 13k3u ptpmj 68wt5

6is14 kgl6l 4z32o ms2w5 06pbb 3hz7p egrf3

vl164 4opsi ga7p8 7k052 u46uw qajls 1s84o

h9945 l5ght 97qu9 cz3gw 6658v 12438

60if6 39f3k s8j6z 5nq5e a7as8 3u5n0 yjunz

f8bq0 e3ym0 3318h 79vns p49l4 n1qzm

366m0 ghzsy 6j47j i8e2f v486w pcq84 j425j

43dq6 7jld4 ma492 0074t 84441 2043m

46809 88b29 l8z25 qn47i b15cm 15cum

erf1x e10e5 u2mr7

Tag 8

3y4e3 85ex5 yO972 3z67a n9hlh zOo9O

8pjo3 4hzOe i7wtb Oil41 6pu4m uoguv lfuf3

5i353 nxqj5 b949e 27634 6w53O 83o73

k8um7 764a3 ks2u8 2tOl3 3ak5i ibd38 xser1

tyO6O bc9d2 O8ko9 ef18z 4956y 549l8

y132z 37iOm 372k1 e8438 Og76q o1dwk

1zed9 6t3ml f8O9c o32cc z7r9y e6c9r 9vi3h

Os719 6c8t4 nq6x8 25k8w 71jkq h8u78

59O3u qgk54 g7r3l y5d88 p8c1m 7ehg9

Olb74 26irj 53b3i OiOih

Tag 9

0o4q3x 66vjp te64y lwxwf emess hv3o1

siwkj 7y924 88tol 0e427 7m9c8 a2y86 11fwj

94kv7 3k7n2 y1a1j 5951z 9ub79 g4u6r 66owi

4kx1o 05kf3 9xtx5 2vohu 4u1y0 47nz6

ae0n0 b5tux 7154r 4qqkx 6gpjn u7pg9 i0sso

6dna3 sik48 1924u lu3y2 5kz39 y921y 62v4s

ex8hp 3g72o hl8c5 09oo4 4a5ha 8pd9b

kxf23 48l79 8y76n xib42 o12ak qs6lf 72g34

y4z8u qeh43 f4o42 0s6io 2uk17 0r00a

b146g qu476

Tag 10

8g24g 1mczu t640b 614s4 w52zh 71617

e7k89 f1gnc u8248 3b31s vt706 16ogy

5g865 7p955 1ibcj 3y4h4 x23d6 uv332 cwgfs

82t23 kn09r 2x8yq gpel0 9h6ve 4b168

5hd6m 4vls3 brn8a 0e0vb 1wx3y cs3e2

o1r0r mhhfy bt4hx 1ao4g oy7m2 4op26

e6w1q 5ohpk p8w4l j5zs8 2244r jz57l t374q

i28d5 7ui22 ud24l r49ev mu985 ecs4h 981px

qab4i p94a6 6dye0 505la tfk6y q204t

w4v6l zv44w 33kxt 51dmw

Tag 11

22234 e93kq 4oebl 36mz2 4m3O6 871up

8ew77 m7nOd Opuap Ot594 chw8c 874x9

82f1t rutu3 1r4qu 8emud 51n83 735u5

u68wO 1sny5 4ympu 64zg3 pxvob pepeh

abO5p zan6s a4973 8fb3w y88jz aOd6w

8mOo3 hi1hx e2a5h bd5cm zqs27 rOO7h

39v8u 5esw7 uqxja sOfs1 6hbgk 3uqu4

g7s9e 743qb ha214 p881y 4b13b jmyw4

bwgbf f1a69 qcdnc yhz16 7o446 6OnOp

wl5oc 11662 8tk88 nf911 dn8y3 rOk4O

Tag 12

993x2 p3gs2 ibr7p 00q7y 8puaz 58p19

sp365 df63o 9076h hs9l5 0khuu 67spd

wt371 k2yfj 96gc7 7myn1 7gmoq n6074

w6n31 h028g 5693n brgv8 q5t32 hf66z

961x1 ot12n 5uusv 80a74 2aea0 04089

2g206 xv905 0bmhb 11530 x5t0x 3z1jv

0vdaq 9z925 4y875 5983f wf437 qmzc3

sah2t lo481 10e95 q0omh m332z iz8lx

s53s8 9x83w 1ahw9 7cpdo dr445 x1r58

wenu0 aw4m0 rf0c8 0087w 6tdx0 8hzr8

Tag 13

zm1t3 2s150 qugfs 839k3 tq0mr 1rq62

ipe9n ss7vf qyb31 713vm 47vzl s09v5 nv40k

qdxz4 ly4p7 9l04y 6bzpu gf6d4 5j803

301o3 92113 7zb8i 3nu10 gbx59 824zm

719oc qbmvy 5m3l3 pq3c3 oixnr 4nt92

e09v9 n3j03 yf08b 8z6ny ew2au 3jt12

dmx66 v2fgo 6gr28 uh034 33czo w0zyo

s5anm y8j3h 10t2o a8wx3 6it74 f5n7b

9vw17 bfksv xw0ag dxe17 zkmo9 yxed2

87ar3 92194 x43h0 ce1e1 p17x5

Tag 14

6d1o9 k44k8 g517f pktdb fsyhf 8s4rv zr8y9

m49Or k9e1y ewn71 s24m9 s76yv 9zy45

O9z7q 8p666 2yxkn q8j79 w1xxO i8m13

9ie89 9yj8u 76c59 849gO n4fOh 9l83x

33fpa ur2la 7cr33 zu787 z6y5h ocdfe hz5v6

mj248 hly18 ljtgf 81qi2 5ponk p1s79 8d3v9

pOyyq O5b5q e9z4v jt2wt 6tdq6 91h2O

7362j qOpt8 htvns 92xh1 i6wx6 82O87

rn4d3 o4fzr 1fseq Oxz9v ctv77 4972O rf5dq

avrkw 2178l 6367b lqy4w

Tag 15

8r876 g46b2 f2emc an5x1 f3430 5qz3q

3jpwc 21m72 k6O6c 2x065 z6978 xn3cv

an294 fumO2 9zc2m 83b54 tw665 qO2n7

uz6fl j3mm4 3fss7 d41O1 aa9x7 6i13v hknsw

a91rj gc5k9 w6p7k p2sx4 gd1mk 8v48g

58ytq zel7z f2a23 apox6 7u872 44o2O 56i4x

4k78d bq8d4 kO1O4 1dmd4 r6u8x O7b24

2a79x dvb27 ya558 3qxi1 74364 od92d

nOd85 9m94x O612m OO73q 77rrO 8w47k

9sl9y 6Ou8z t8bj4 1785f

Tag 16

n701h 3ny17 2e3xl v852g 6ni01 fa96z hvvt9

60g8t 9utnn 5887b 50pu9 8zp52 3w14l

0582b vmf3g 03446 9d611 2kz90 y5r83

779xs 4arxp 0o1i6 er6ry 09i45 3f0b8 9a5s2

kxo90 ujef1 52ply qgig9 pfw31 80h1h 33ad0

ityl2 elhmh 1pg94 0c7e3 x767f 96636 6e0v5

7s286 111qc s8b76 zz5rc knqhq l98o4 9exrh

fnvls 9z77r 2deoo 8fcgi gd5t0 sqe84 2n783

375h8 8u7e9 6y2vd 8ej0h 37690 icto4 3k2qi

bg66x l6ll6 61051

Tag 17

5pahx dh384 c7d3n 9wn65 6bhj4 7vt85

71wa7 36ubz l661b qb5ez 19o6f p52z3 vkys8

9js6n e7y5o ltdnj 0f7x8 7j4co 7bocg 51r38

7gtys bf2e3 0eu26 w9zu2 91c6k ia74h y7721

nx16s 9i1bn 9ln5n 55gbi v6s03 2vtdc 1d078

kw93s o4z9l 70364 itxhq 76i54 9z09q

mj496 j27zd u5vof 6so4c 5s5n2 s7l9p 3w7z8

ixy34 oi15i w593q k8l83 9pdz3 fp26v o6vf2

o7rf7 n29qb g479v 484eq 4b82p l2okz

wp87d 05b5e 8uoyc

Tag 18

zjsk1 85323 6sd35 9j28c qcq4v iu0m8 0c6ij

119na 4295r 9i5ht 989la h2r4p f4z27 41j3x

99l6s hd47t 2aryc 755q1 99ngl 8rh58

od0m4 c7016 nig55 l4t3c 70790 0o5jo

36sm7 tvnm7 q42z7 e40z5 jbzd1 259i5

51585 814c0 5768u a1mbl uc062 r0a79

8ive9 1016w augx2 utcr5 yw764 28i3f 037ax

5qb4v 06d38 5jqpr ueyp6 gd3j9 7nws2 j18or

gd6e8 0f8cp j1luv 1kw2y 29241 pa833 5z3k5

p7km1 xh359 rw7l8

Tag 19

r3u17   fnqr6   5d2w8   85445   yj29k   q3f63

9o233   786wu   4g71f   5723m   g64yg   1zvhg

5j23v   o7f02   8teu0   2ugsg   nx2f6   8itki   35998

50jh0   df34d   9slc1   1h1lr   go73w   3x16u   i615h

60378   4b088   f750h   5cbo2   6qm59   ew4ja

5hock   i6suj   465p9   k7imj   01fl5   j5o46   3182b

w09xo   078f0   wmv74   j5m25   0v2q9   xft78

33x87   dmfm3   991hh   4du47   rqjx9   846jk

t3963   q5mqi   35647   q71n2   pn330   24r1z

2kgmm   09vv9   0k101   pepp8   69y8l   nb787

Tag 20

e33su 9h26g yhgw2 3rj57 2n8nj 1x0ew

63d7d d0t4j wbd5g t0lcq 11oi4 6822c 269i4

ulpg1 k8w9o r6hz4 kqw9n 7730v yui40

8gtfx 88qlz mek9r ok463 diu3h q0tzi qa8tb

t28lc oy0r7 3y78m 9gf6z vq103 y38u5

9cbx6 mq548 661s5 1whsz b93ww 2r6ut

z7rlt b2365 157ao y0770 75ff7 t6l5i 18xs5

s3t8l 7fh19 uw5f1 x42a0 f9k2p 5nb8j nbwii

1p934 043d6 85c2r 662j6 g60f6 tmkmv

00390 2lnn9 6x515

Tag 21

d34sv wee6v d5xyc pyf8t 1kqkj 812n4

vbx0q y9hb0 64m73 406mh i67r3 p7uy0

f6p3q 6tb3m 3t9f6 8snxo f8815 k311w

42635 h7lib q3rk4 89bt0 e2x27 l34gs rtpw9

d2ybu 7mec9 9sd5z xde6m ke557 d9hns

11417 upv7f qyv4z 5au4u moqd5 9at7b 1bt9c

9g1kf 90h76 5fm7o 97y2t czz07 q90mc

y7562 ip1mp 89m3i suz2z nkeqi 0895r

3v9a5 w4z11 35yyw 18ldf 82mi8 t3xc5 ehi8r

i5ju1 47pv8 5q8dj pfwc7

Tag 22

rjprf mpgd2 uo9zy m4u52 2na78 2m091

6l145 7gx9r w5g56 66h9g 88d1j mi2g9

rb21z z81eg 608fr f69ly k88o9 81t4n fe682

9n3e1 vu7g4 0ke67 4q8xq w20hx 26q90

b0u0n 2ksv9 y16tz 1tr9a 4lbtz q83e6 5pdfl

4law8 bex0g 3dp4x 452yl 7vxm1 rdkqt 04j5j

5rb6g a2269 77c49 0b730 fc6zu i2f3n vb5r8

q2r8q s5gd3 89b3f t4j1h 28d56 009q8

24zow j93uf q5th4 47kol p5p7k 3t93o

4g4e2 9mqgv

Tag 23

k8j95 cs749 3m81m r2m2e cpg61 z935z

k5140 7i11g l0968 u052y 0d3f1 03bvd

w3z13 b988s 9yiyj i24zi vx5l5 j6112 7qvre

4cibl 643q4 a5593 60b1a 8vg06 iy1wb

b37uw v2a6p 4uxzu 01qwb 5hkbf tojaj

p84k6 8qh40 plda9 9vxxl ttd24 8smkk

o3h9y bh7u3 mc8d7 a75wa 9gqga 0g69s

96c23 zni36 6dt62 3v6ec 13tgw 1csly cuc04

6r4no jip4q g825f bht2n fd4f4 2w8y7 s41io

22196 40w6i 9s97m nbota

Tag 24

97jbr 0q591 6m3c3 u8km4 cl1iq 8h38o

nhr28 5f905 9mf17 x29nq 27f25 81o82

6eO7s o5v3h t1ba9 177b5 kfr8b 5ccj7 3pj7f

7zOeg 5612d xdue5 jz159 847hj 5349q xbpa4

a9yuc xx5h3 91hoq 47yn7 0cO4n sO3og

59zo4 28lu7 at1af 6w5nm 8k28t vcyxa

86xx9 aj4f1 1yo51 21sip 56h57 fv38O wqOu1

c86s7 4c945 8696p a4x5t 86ir7 zdv2f 9b1l4

2j2ik 4d365 io4oO 8wjyl wxvb2 b41jd d1825

4d1bi 6401j 02tvg a6O62

Tag 25

ak2c0 x402z rsu63 8yg81 2w7mr 2p5jf

18iu3 00txo a6msd 337al 4hca5 t2ia2 c61q7

31p25 3ue87 vb9uz 3885r gumtu p87q3

83e6c 5p4hx 83uf8 l5r3g 699f1 lcou2 glz32

h82gt 4d602 5c2hx b1457 e4r88 83vj2 j11ht

yae23 9q228 q9161 k3l3h dufzu 8k7a5 gnr5v

r9y38 ftcc0 m6w22 100h4 cvi06 6vij8

f747u xrfu0 310s0 2656f dp9m5 51759 rxlxy

9tbc7 88ru7 0z448 lbc91 9338v raca7 m9if9

y6057 2h849

Tag 26

z78q6 nj363 9478h 4y17n 3rdcz 7i011 23k13

215s3 4g771 q2m70 77740 446oc 14wc1

4914i 040q9 j5zm1 839n5 08045 hpncr

g915m 0j8xr 920z2 8hoyx k0x71 5e0e5

ld6iw 51tw2 175k3 ocmnt mm1lv 20hdj e4xi5

gx2f2 0qlzu g44xx 5e87e 5ci0y 9w3m9

tf9zs 4s89r 0fmsf 0befl g0xf4 n24n1 01a9t

9u3b5 6r441 15jt8 gkph8 6s7e9 f58n2 74s6e

by15n 759qs 3l2rz 537jx i0sa0 wfad0 ek121

9kmn6 91qz9 888m5

Tag 27

91c52 gny5p 2h949 06adl 60w5m 283hz

z2vtt yvsh8 72592 fx2x0 hs67o nl298 4ider

5416f p2kq2 9t902 9o217 f85dh 530dj

0a1d3 d0jrx 4e5v4 2zuhz 1u15l m09s8

k2m87 b4938 p8t7i xh536 g5l08 gk13d

t492d 6lqjw vk258 syw3o f7n03 6zea0

sti98 phbue e1q39 p14r0 9tgrm 04v26

r041x 62l78 v83y8 wx96x yhu7q 56szi

07gdh 8bh14 i726h rjji2 1g882 d922x 67jfa

i370i 293cr 4kt9e 37utt 2jl88 6nvu8 x892q

Tag 28

5tjr9 5glg0 e90vu 3xghm 3o592 7p4vm

6ci65 u2n78 8axh7 lqg70 8gi2x 86mnr

t40ro 6cmm8 lzj4d hb6x8 4erz6 t959b

ia1o9 gp0wi 4n3o1 ld165 99n01 ag8m1

m988j b0p4k o3kdr tt4z6 3ewnn b38hg

5g349 4e4gr iqoru vt14k m674j 96245 6klp8

92395 2kxe1 jorq1 3846l 58cvy z75ez u00fl

imhyo oxnsc s1ot3 553hp sz79q 6r51r mwrey

9boj9 7t4u8 8506s 811g1 1zp7u 61gj1 391uu

j31b4 g1m8m j0g3w 3ic4y

Tag 29

ojt8n k52p6 11041 30247 66693 9mq85

7bxo0 zdnxm 59i3z c2d50 190b1 e9c08

16y37 1o9lu 2w665 r3b74 i427j 83384 5fh29

4okny 14r6o 49533 5624b cv92h dqs36

i6gjv 3g7e4 j613j 15869 wnwxc 9k9l0 56ief

m21kf cd4nx z89p5 w354x ldb2k 09s1r

2d737 7jb3m t9u34 s9hii v235w 8ubqv o3177

867qa 99a08 wb3az 0ir3k fj904 22vg2

r752r 1t30a 2k677 9f745 x7d5i 1iv74 58ple

12f21 9l8pp 65v2c ft58q

Tag 30

Am 30. Tage solltest du drei Tage Pause machen und bewusst beobachten, was um dich herum geschieht. Hat sich vielleicht schon etwas grundlegend verändert? Siehst du die Welt vielleicht mit anderen Augen als zuvor?
Was siehst du, wenn du in den Spiegel schaust?
Sind deine Ängste weniger geworden?
Haben sich die Fremdprogrammierungen gelockert oder sind gar verschwunden?

Wenn du die Möglichkeit hast, setze dich in den drei Tagen um die Mittagszeit 30 Minuten hin, schließe die Augen und denke über das nach, was sich positiv verändert hat. Sollten dir negative Veränderungen auffallen, so ignoriere sie, denn sie stammen nicht von dir! Es sind Restprogrammierungen aus deinem Unterbewusstsein, die dich daran hindern wollen, vorwärts zu kommen.

Solltest du mit dem Ergebnis noch nicht ganz zufrieden sein, so wiederhole die erste Lektion.

Aber diesmal von hinten nach vorne, damit das Gehirn kein Muster durch das Wiederholen erkennen kann.

Wenn du mit dem Ergebnis soweit zufrieden bist und du bereit bist, kannst du zu Lektion 2 gehen.

Aber auch hier achte bitte darauf, dass dein emotionaler Zustand stabil und positiv ist, denn die nächste Stufe kann Schaden anrichten, wenn sie in negativer Stimmung vollzogen wird. Sollte dies der Fall sein, warte damit bitte, bis sich deine persönlichen Wolken verzogen haben oder du einen Zustand hergestellt hast, den du selbst als „Gleichgewicht" bezeichnen würdest. Was auch immer dir dabei hilft, ist recht und billig. Sei es Meditation, sei es ein gutes Glas Wein oder ein Spaziergang im Sonnenschein.

Wichtig ist jedoch vor allem eines: Meide Medien wie der Teufel das Weihwasser! Sie würden deinen jetzt bereinigten „Geist" sofort wieder verseuchen, denn in diesem „jungfräulichen" Zustand bist du sehr anfällig für Fremdprogrammierungen aller Art. Meide auch Menschen, die Negatives vor sich her tragen oder dir ihre Sorgen klagen wollen. Das brauchst du alles im Moment nicht.

In Lektion 2 wirst du lernen, wie du diese negativen Wellen blockieren kannst (falls du es nicht ohnehin schon kannst).

Lektion 2
Die Neuprogrammierung

In Lektion 2 geht es nun darum, das Gegenteil von Lektion 1 zu bewirken, nämlich das Festigen von Strukturen, die ihr haben WOLLT.

Dabei ist es wichtig, in dieser Lektion nur Dinge manifestieren zu wollen, die euch selbst betreffen. Es sollten Dinge sein, die ihr gerne tun würdet, aber euch vielleicht nicht traut. Denkmuster die ihr gerne haben würdet, aber die ihr vielleicht noch nicht schafft. Vielleicht das Denkmuster „Alle Lebewesen sind gleichberechtigt für mich". Oder „Ich will die Kraft haben, mit dem Rauchen aufzuhören". Und so weiter. Also Dinge, die euer Vorwärtskommen im Leben positiv beeinflussen würden. „Der Geist ist willig, doch das Fleisch ist schwach", heißt es immer. Was natürlich kompletter Unsinn ist, denn der Geist ist das Einzige, das bestimmt. „Fleisch" sind lediglich eure Fremdprogrammierungen.

Es geht in Lektion 2 also vor allem darum, den Willen zu festigen und eine Art „Schutzmauer" gegen Fremdprogrammierungen zu erschaffen.

Daher sollen die ersten 3 Tage genau diesem Zweck dienen: Dem Willen, sich nicht mehr negativ beeinflussen zu lassen!

Alles Negative, das von außen an euch herangetragen wird, dient nur dazu, euch zu programmieren. Damit ihr gehorcht, damit ihr funktioniert so wie es andere wollen, damit man euch ausbeuten und ausnutzen kann. Damit ihr weiter Sklaven derer seid, die euch genau als solche benutzen. Das kann auch ein „Freund" sein, der euch als „emotionale Müllhalde" verwendet. Der euch nichts weiter als seine Sorgen klagt, ohne je etwas daran ändern zu wollen, egal was ihr ihm/ihr ratet. Meidet solche Wesen, sie schaden euch und benutzen euch nur um ihre eigene Unzulänglichkeit auf euch zu übertragen. Ihr seid deren Ventil. Hört also auf, Ventil oder Puffer für andere zu sein, solange es nicht eure Aufgabe ist.
Lernt „Nein" zu sagen, wenn euch danach ist. Ein oft sehr schweres Wort, das man aber meistern kann.

Das „Nein", kann auch zu allem gesagt werden, das an Negativem aus eurem Inneren kommt. Reste von Fremdprogrammierungen kann man einfach mit einem entschiedenen „NEIN!" negieren. Um eine Schutzmauer zu etablieren, müsste ihr genau das manifestieren: Dass ihr auch „Nein" sagen dürft, ohne, dass es negative Konsequenzen hat.

Oberste Priorität dabei hat jedoch der absolute Medienverzicht! Kein TV, kein Radio, keine Nachrichten, keine Zeitung und, wenn möglich, auch keine sozialen Medien. Der Verzicht auf Nachrichten aller Art ist jedoch das allerwichtigste dabei, denn hier finden 99% aller Programmierungen zum Negativen hin statt. Solange ihr noch keine Schutzmauer dagegen errichtet hab, seid ihr so etwas wie „Freiwild" für die Medien. Schaut euch einen Tag lang Nachrichten an und ihr könnt mit Lektion 1 neu beginnen! Wenn eure Schutzmauer jedoch dick genug ist, könnt ihr den Versuch wagen, die Medien langsam wieder zurückkommen zu lassen. Ihr werdet zumeist darüber lachen oder amüsiert sein, was ihr dort seht und hört. Stellen sich jedoch negative Gefühle bei euch ein, solltet ihr sofort ausschalten, denn dann ist gerade wieder eine Fremdprogrammierung am Werk.

Doch nun zum Aufbau der Mauer und dem Manifestieren von erwünschten Reaktionen. Lest dazu die folgenden Codereihen bewusst und laut vor. Aber diesmal möglich mit Rhythmus und gleichförmig. Es sollte diesmal ein Muster entstehen, dass das Gehirn erkennen kann. Dazu stellt euch jene Reaktionen vor, die ihr festigen wollt. Stellt euch vor, wie ihr Negatives ablehnt, das euch widerfährt. Visualisiert ganz bewusst eine Situation in der ihr mit einem Lächeln reagiert, wo ihr zuvor mit Wut, Ärger oder Angst reagiert habt.

Stellt euch vor, dass diese Situationen euch absolut nicht belasten können, da es nicht eure Probleme sind, sondern die Probleme anderer. Ihr selbst HABT keine Probleme. Nur schaffbare Hürden, die es zu meistern gilt.

Erinnert euch, dass NICHTS euch etwas anhaben kann, solange ihr es nicht manifestiert/wollt (s. Band 1). Nichts geschieht in eurer Realität ohne eure bewusste oder unbewusste Erlaubnis!

Habt ihr die ersten drei Tage hinter euch gebracht, macht ein oder zwei Tage Pause und testet eure neu erworbene Mauer aus. Stellt euch bewusst Situationen, die euch zuvor negativ beeinflusst haben. Stellt euch „Freunden", die ihren emotionalen Ballast auf auch abladen wollen. Und schaut, wie ihr darauf reagiert. Solltet ihr nicht mit „Nein" antworten können, sollte es euch noch immer negativ beeinflussen, so wiederholt die ersten drei Tage ganz bewusst und gezielt mit genau diesem Gedanken.

Habt ihr eine Mauer etablieren können, so könnt ihr nun damit beginnen, gewünschte Denkmuster zu manifestieren. Stellt euch vor, wie ihr vielleicht das Konzept der „Nächstenliebe" etablieren wollt. Oder stellt euch vor, wie ihr euch darüber freut, wenn die Sonne aufgeht. Stellt euch vor, wie ihr eine scheinbar unüberwindliche Hürde in Angriff nehmt und sie meistert. Vielleicht eine Sucht, die euch quält.

Wichtig dabei ist, dass ihr euch nur Dinge vorstellt, die euer INNERES betreffen und nicht euer Umfeld.
Stelle euch nicht vor, wie ihr Dinge um euch herum verändert. Das ist Bestandteil von Lektion 3. In Lektion 2 geht es ausschließlich um euer Inneres.

Lest laut und deutlich den folgenden Code und macht wenn möglich keine Pausen dazwischen. Das Gehirn soll eine Regelmäßigkeit erkennen können. Beginnt jeden Tag, wenn möglich, zur gleichen Uhrzeit. Verknüpft den Beginn mit positiven Dingen. Vielleicht ein Sonnenuntergang oder ein gutes Glas Wein oder eine Musik, die euch positiv stimmt. Auf gar keinen Fall dürfen zuvor Nachrichten konsumiert werden, da ihr sonst mit dem Lesen des Codes genau die Fremdprogrammierungen etabliert, die ihr über die Nachrichten erhalten habt! Denn auch wenn ihr nicht bewusst an sie denkt, euer Unterbewusstsein hat sie in Vorbereitung und wartet nur darauf, sie etablieren zu dürfen.

Wenn ihr bereit sein, beginnt nun mit dem Lesen des Codes.

Tag 1

2blsi 95ki8 19oco gj5e1 h2230 74ob0 0iq14

f1p3a 6kg56 vecrh 27m60 6t786 0ca4r

w3x23 0lj40 wt2k4 81y3q z9sv2 9010s

7xa55 q782p nt347 yjzv3 gn9w6 u9h7g

r6x75 exyp3 500r5 9cuiz 9iyv5 0f0v0 81tfo

zox7z 2bhok d55s0 zx6mu 13772 qz04s

2ftud 70ucw gl07i 34yqn 8e466 iq2ty y8qvl

2b3uy e67r6 3mt17 4p8rn 2e05q nnv7j ib5n2

49976 a7r41 rwgs5 0z6t4 1k95a a6v9t 1uzr0

a4u9l 19n7j 7ui3p 08l3t

Tag 2

awe73 mum97 476qe au9s4 mblow 3dd68

7i4md 287q0 eg15b pbea3 dia35 8zs20

nkp96 2237p n571h 8h345 j41d3 3fh0p

03qz4 563b4 0re27 c341f a8p03 16f30 gi3if

384b7 87750 9r876 wugni ev86j 426pl

ohb95 2ye4p l54u9 n7846 0dh77 0c50i

ktwgu h0kxb le7gb 920g3 a20s6 r4h41

wz135 oe0l2 9ql83 72yb7 bvwgc 3aiyy eds14

y1a29 o3q0q p57qh 246ju 1hpwe n2qpg

rwt06 7s87a 44m68 97yqe 8331m

Tag 3

b21qf efbms 3f4bd 83398 mgm78 1tm50

s2et4 sso7b gtv9q q2sr8 r5wz3 80p83

za2qz iz34s yu0jk 785dg dp413 px3fo tt74k

jc857 tr8r1 3sco2 qe954 ihzxh k4azo 32wd3

7h6u0 h27p2 y31sm 6dd28 ae5p4 u79k9

rxzc2 h03w5 1z1f1 mi9m6 dw5ka u71ia

sv5ma or06g 29wxr 2zj58 03coe 56264

a5yl5 zf1i4 7r5g7 72nkg uf767 gjp9q 96ao3

01qp6 8br1u 73c37 r1esp 7r117 tia9g f53q5

08ihj 0409c qi9yn k8suy 47syf 86mzj

Tag 4

eu237 f759p 3ha0i h0129 2x5v5 6fik0 43u8q

9ukxs 4e573 5x33m jp612 je18h xs0pg 96fn1

frmn7 59j9k 4kq4j f8tao 5pt7b ynt8y sdp50

g0335 yf06l 40gvv 8w14u en3vb f7e8e

u4q7o s285y qf717 597t7 s6f60 6c63r 9f72y

ku630 7133n 4g278 15s9k 8cw2d 24k36

sw13y 2jyof 703fr hp24d saxe7 ix7ka q619y

0e735 ulban 11kjb 839ht c4p21 1ksw4

mnmb5 713z8 3yxhw 90k0p pei9b 0qzd3

rjoox 3m1fo x4fa8 682z5 z4tcz f982l

Tag 5

8m7m0 08tog 26r72 rll1p y62l1 w4v95

4x4e7 59a3p w9g1u 6634e 4sc7z s3dhc

v8952 9xgeu 8i78a km257 u6dv5 l0t97

c2959 j5w6z h17iu 61mod a3fb2 6dt56

20r99 446mt 390c6 c2ziw wocuv 0819m

0r764 v3jop imay9 9fbp2 1mg3m 5vkwf

pc508 n1tle 1l6u2 yjwne fdj2q h6sbv nb82b

cou48 6m4q5 n2ois 2s66r h2hq2 2997f

0mzad 4u4i4 wi216 71a0x 8p676 q9251

21491 8wp74 y2hfq m042f 63nv7 30r6y

Tag 6

1865w i1a84 9be63 7bh37 1j6lr 9x0uu 1n706

5ble0 u01f9 05789 3w9kl 04q4f e4801

5q0ww 02anw 3fanl g8x41 9017k sl780

055n0 p51w2 np9tu 4pjdv cfw7o pqbwf

e0770 qju3h ndfpw z90lm kzsj6 2z733 5o43l

02wm0 23th7 6ib4r fv99z 527d6 1u4yt

mcm78 f72f1 2f938 vpe5i 4m75n 64qe8

1130i xco6q b7s32 q6lk0 74q95 tuzwj a2a44

434sr 8pm3x g1g48 i911a ib615 119k9 t6751

571m2 o7xjz 156k0 65fe1 1pjl3 ijmoi dme13

Tag 7

x3e0v 036z6 dxy4a 3abo6 629i4 74781

12p6d sk6d1 1o3xw 81ciz 14el7 56c3c 5j20a

f034e 30q80 66g3e 90w1h 03b64 k8wnt

d8j5p qflmq f09zw 5kzig d1099 unmtj

17o5w z2g4g 826e2 b68c8 0sho4 b8skg

3emk8 yz45l 6dfg4 0g489 s7770 w829d

i90bc 1zgo9 1z13v 88t84 1hbgr 0h504

64016 65zp1 n24kt 0724t hf288 s6800

h9to5 qklu8 rsl1r k53sc 10b5a 7c628 02pu3

2ka2m 5d22y 2jf7o in438 r6136 84aqh

Tag 8

i139o z7128 8vu46 rtm7z g2ytz a7d48 u0ujl

m9g6k u8i5f bpuv3 h2krk cv983 376r7

3ckz2 t4i8e 5h522 p32o5 736a5 e5ogj s8237

dj4ku 3d18i p56in c2q75 0nb09 rg9t7 5jc6i

edl58 9y54r 72k4q j4240 v06cp 07hcr

47y98 i6131 f35eq 7538b 1dr64 al7ko iv845

2zzn2 x22f8 696l9 xnti1 6qr45 8o0dl 0xari

72pyt 4s77g 0q48n 0o7o2 ih2c4 llwl7 1phr6

gq95a 6m845 acdnu 1d52t ttf9t sq3la 1x578

o16q3 qpkit t8b08 1ppox 855i4

Tag 9

ee2z3 9ok2o a3h3z 329z9 psd4n 63f0o

m9554 80327 kzra5 27742 fy898 1qc3u

z1o7o 8s639 96427 ue5q8 23no3 wn1zi

m1q4v 2kt5f 1qzi4 0c8nm bhlt9 9d850

c3lr8 k0709 g8pdw t6q6q 19j5c 6j3uz

m444n zlvqz 6a1jw g2fr4 7t5o5 451ov 1ruj3

17x57 y22eb 3a315 oagb9 e2bg5 18h78

r6w9y 2fm0e hi39p 930r7 zy0b6 6458l

o5hjp c32bh 6f9o4 397ip l7o5o n7c6q

l45m4 z6wka 4sttr yw16v goms4 xn4du

Tag 10

16058 4j60e 05761 20s85 3h31x 6slpx

t77wd 296kd m5w69 y1wke 9g49e 3z5u3

gqn6h qar0l z21q2 fi326 q0yfe 5167j r7683

12654 96nv3 73ict zk8ze 25c01 mmg4u

v975j iykuv 78480 z31cr azfu1 figxq e55wq

dhe54 b9tp9 jbus2 6y4y7 7hic0 t7n26 9x1u5

y4s5h tb9qh 0qwnx 95c5e 3pa5d 13s5q

81bdp 6n8e9 m708j 4103t 7ws6w 18s42

23fjk vo7x6 l10zy o3fg8 78432 zk37b b1g90

2526r e2f2b 5l487 i78ra 7dlvm 3jct2

Tag 11

5a5jt 2ew5f rwp04 vr643 yjjbk 412px 0g7yx

0542r l9660 sb6u2 aoh13 ls4hy 2o5t4 gxoix

0olzc t2vj6 3mcn2 86v6n 4j6f1 m3cje l2674

8ddns uo6r1 s5cr5 321s1 pww64 4s8o2

3u01w 5u6v1 y75o7 5294n zmd17 98cn4

y68xq 16118 96j2e eavm5 25az3 vj39u 4elnu

99741 9251h t7ze1 7n0s0 z5723 y9y97

8950m 52v3q 96kmh rpl8h 287cz p1n7f

re8o2 md6k5 e779p m063h 46wy1 cy211

pujq4 z3ki0 261p9 23y9d i7iy4

Tag 12

n0u03 7kj03 fh41s 6wmgb b4d97 g1334

46cq2 pih70 gka75 1f7ta 0k2yb 2x52v 5lg2b

v44b0 w84x8 1fhe2 69z90 w1fpv 1yf05 bj1ij

23j31 1qn9l 2uvu0 90qb3 786m3 q5032

k5k0z 3qu64 hep0n 3o15i s3556 q68q5

13c3p a05fj 7in49 63884 7n976 7dr77 29exv

apak9 t1d35 bmm8e f3tth k4217 z773g

1syqf 06po1 77q3f mj11j 9q0ww 95609

wi08e 99296 7jh15 8m81c i7zz0 1181h

wkpm6 kl2av 3ksj8 i132d t63q6

Tag 13

48h5f ko7e0 04cjr 93094 34448 4erg1

m76o7 gcih3 8o12l 3uO32 7gx24 r24a9 k1317

srksk 5v9dp 07386 dry48 lxl83 58ldk 0w363

o9a7j 4196w 5e6f4 37sl4 qj481 k54y9 5x5t9

3u621 k5240 jarpp 5f5py foj83 f57ne zsl88

q871s s3wrr fu899 6dlm1 ci32c ec1y8 2d8o0

jy32b 1c3dh l56a1 9560l mO5my o72f9

9wrh6 6lo5n n7522 jhOyd g4nw8 31aw8

4e2gb c1kwc 2qq44 yti52 1yt1h 76cc3 9708q

edmbx fy1vt 42h0w

Tag 14

ts8x7 d1vum 4jn44 e22o2 pz79p nuyvf

096f6 6794q 99b8t 65jyd cpop9 0826y

3yfdp 7rrm2 01sr9 nu1r2 14o4f 5m879

66emn 7qi6y nk5ll 4n0kn 8efe9 2938d

36z10 668pj 3at59 8i3ve oyk69 9e182

3b0k8 5xe13 9f648 1080p e44v9 24f96

iemqj c52yc 3j8x5 h218y 9061m jg78g chk37

q6570 w17n8 apo2z xib89 x50q6 fo5vv

886p8 ya65i x5wv7 158h8 2390h 8040z

6z83p k40ge 2124h xr9cj 5m3hi

Tag 15

c1s98 lgrgc hqow0 9l86o 4fiw6 34lhf dx547

9dc5n 4mrb5 0az48 56weg 9ox57 656m8

7l010 2b51f pxael d99kj g22gg kz97q g20vy

kplz9 36ng3 v5ga3 2l48y qp6gc 128s8 i59c3

6ldh1 gfa48 nbpc3 310q0 y60rq 6drto 3crx7

hp809 9mm54 l0u94 u1g63 7gb75 510hu

i57tk sw10c 21d99 uuh7e 7tb07 h44ys 2509l

ye496 2429o p3tv7 ruhe3 u5j2l 50c3z

0vmkv p550o mll84 3r2zu wj4gb d2m0u

mi582

Tag 16

5mmu7 95qeh 31898 ncsg5 7o2j0 38w1m

1bnx0 qfim3 324m1 r5bq9 3c8p1 e5jx7

4mdz4 gnq32 39y6l 7860o w82x4 3zl2t

f2t88 0j3dr p253j dma7k 785q9 89lfs 60552

49n3x le943 673z4 78gj3 n9w4q eu7xc

ydfq0 s1242 h0b31 3p124 v07w0 mwo4a

n4ck7 w9nj8 uc197 0em9r u11n6 193qf

45123 r10a2 0s7p0 l2o27 7i97u mrdvl 406pq

761j3 54295 187kl 234k0 e2nl2 7y91n 902a9

8v6rc 75286 940o5 b2594

Tag 17

2u31h snj09 480n7 87071 8oxva 08ho5

733j4 r27ny n86b5 hk01s 1y6dn ndc10

r14am n33y5 h799r z628s 1s8t4 80g1p

84853 ypv59 9i0b7 n5di0 44vnv 7t081

9828d 49khc 52460 6i89b p5sfi 0m6g6

1707x cq5r8 6j29m xk8ze c3g20 alwcu

3pqk0 0qh3h fw6i3 821t5 177vq 6b5td

ye590 n8k01 y1p6d 2ced7 wtxp8 l0wz9

6450u 0so3r 628m7 ig5f8 4q97h a6667

3x35f e3q4j kxu3x a99b4 81vo0 q3e89

Tag 18

f3xdg xyn1y jhj32 16805 q70j6 29861 ecfuj

79lmr 5845s 3w446 0c2n3 vd5n7 44hy9

w0295 821o9 13n69 3st7y k19c6 t00qo

9olxr o082q 139ep 64w12 vbve3 hbr05

dejvh 95gs0 9t9s5 7cjn2 p05x0 6c3x5 au3et

bu56w 3217i 5cz67 x1xd5 g7g6h 88rv8 2u135

uy8e7 565m7 es1t7 vv1pg 38o28 431qx

0v12u mveg8 46do4 ov82b 77iau m2291

79107 87hrf 21ce1 31tg3 2tza2 05a0x 8gdf5

ofvys e9vyi 8el11 15595 tabi0

Tag 19

3x3r7 5uc33 0p8j9 50wh3 9e746 t90pb

b09lw b73j2 18aos 8eu4g o6asf wyeva

gv7m0 d1904 s5072 0b9fy 37l4b sb4rx

n3j3t 6kd02 9c290 t62w7 828p1 745j2 zicv3

b6y92 fgm20 o089s 4lc64 5wr78 fg3ji

4u3qp 4738r kq242 62v25 bwed3 mz70x

kth3y 18jlq uqsk3 r1c09 u5lco hbc9c 3672s

9aq00 lj7l1 omm2o 8sc1o u0fk4 f99w9

sxx50 2heb5 e92n7 8da47 qr39r 6l9xj 462k4

il903 b6mgn 662f5 ka7s5

Tag 20

9p8sh ml30n bp2nq szl3o 270j5 p12rr

06o53 9vevt u4tjf 59yj4 m6ds4 01jw2

wuyj5 j0w2z 7tq77 1xv05 94vsy 5sxcs g29ix

w078r p0531 g237h bet9z 949a6 acc4i

0l059 2xlfe 9e71f uu20f 356d1 5ufv9 0gr5k

0pl8s 2tgxk o77zi 3ulj1 q7p0w s288a 4j249

qe016 7c9xn pu1jx h899y 7031k dd51d gk1zy

45ya2 5929g k8rq5 m1208 sos77 cu27k

s2v03 5vq7y r0aa9 zlf6j 2zf01 bg18t 1dn29

m7lb3 r79ez uc2p0 a962k ku2e2

Tag 21

4pipy　1lb31　4v8k9　50db0　tj1p9　5p60r

ywmg7　pb476　7dwi1　0nz0h　8gv90　sqd65

4198m　fx0v5　0u385　5om15　0504i　57ttf

54d60　hp9ei　827ef　bb206　734hl　uwkq7

c932q　xy091　25cvd　5ge01　t31q3　hk87d

18w5e　q13vn　3v480　zk7p5　bs327　4wu5s

n4797　am8lv　hc714　87of5　imlk7　px914　okmcl

lgnjg　p57cr　66270　b9q41　2t230　1wbtr　jr6n3

035er　xg6vn　n6h16　duau4　0fr32　6h989

5n3c8　o28ej　23716　s7w6l

Tag 22

xbif2 28053 8p87j 17c3y 50s57 59yrw omxz1

be56o 9h9n3 bk8sa b3v7f q4468 bks96

syce5 lab64 m3a74 6nbqv evb4k 3y4jv

v91c4 jt8b4 7wd96 17b11 9f40z o1ofp

6k29n ijuzs bv22x 579pk l570p 8496z yb677

16lm0 s431e gb8nu l5v2g 8bnj5 zc0v3 75j0o

97423 srp1u 0cra3 w6o85 3hewn j7f1f

h40qt otq9y lm4vj qi465 z96q4 w7xsr nz8fj

90os3 a900k 059y1 tbmft 9j378 ad58r

b91tp 05pv6

Tag 23

w10i5 z1xm3 z99i0 895kp 4fz18 mb5z5

6626b 8lxg4 vet1v 4788j 36iha 5b3a9 535v3

5358i 7kol4 6p20r 1510m 78x5o 0q59g

5z996 rcgj7 7h8zh we81x cu843 vkzc6

k8182 r4hv2 5l4bc he10n kr698 42vp5

cg3yb 13297 ghfb1 t80m4 0s90u 86lbk

c910w tfyi0 h4cn5 llg8x 6i6v7 193qh e71u9

qj03m 2v44f oyb95 3mvvu r4iya hx2g5

92zz3 35g7m fh08a 70zvu 309nu 7c7ib

1k6f0 73d64 o950l 63cpu 8qt15 ji3v4

Tag 24

060mq t604t dm4qi a07v5 r564o nuw28

qr6d7 4186q 5x64u 72yi5 405pi 62220 i647h

e1354 5x21d 7wkpv 75264 0p543 6l74j rh25v

69mmd k0mq3 tx06x 71ugo wdr40 385l9

6u42r 39tql 90f7k 063u4 h45u7 52b9d

9kow9 uh95a an02h 602f7 n6mnh t50ce

n60ko 747q7 won21 lht49 m053v 87x87

821id yep7e tcby9 ct1i4 zweb8 1851e 46ezo

hdi1d pm824 s5045 80n6v ff6rj w58e7

8m65p i5fzs 22a5s

Tag 25

cq3hy 60b0f 89ext 87k8a 34h70 ohox0

07l3v 46o0v vqrwe 445nf n5598 38253

rq8t1 41s0d 3lq6q q703n p2880 4d851

5q89l nzc1e 7opga 69v22 5nth4 pl3cx ins48

4wxt2 bfa39 882c6 8b63i g1g20 y3eny

5l94p idswd 5q457 2l265 t78o0 59627

m51n8 6296o ic2z8 8719z b6c6h 474nv

94110 3zi8q 53zmm ry62g b50rt fsqoq

97778 df90a 4h5n5 8jmi4 i7276 03862 xir0y

4uppo ohz5n 67sd7 451c9 o1tr7

Tag 26

57hn3 2t321 woa2a u88ag 4t9jo u1s9j ii94e

1edf7 781is u6j43 tsk0a 8524w a7j58 h1w2q

0a8nj f47jo 84vo7 21t29 f2d00 0696m

pu4qc dbg6w 9sx28 ks6hu d27r4 ogfcr

5m1j6 nr21u u07u9 t10dy trs6v 02043 9zcl7

gc2q5 jg7a1 1qc34 erp5q h74jd s3rb5 m71e7

38l2u meuuz oc90o vshvs 8q06u 3nqbo

4eqa2 60k9z 21r04 ux62n k975z 4rx80

5oob2 40111 5j87x vjbsr 5uxbz 1za26 835i1

67415 zz1pr j1o0e 97xb5 gl121 h40fb

Tag 27

7pcbq h6t07 79ob4 hso8e i0urf 94847

10oaw 3ghfu 0721z 9a2uc i6tr9 95m46

96v51 346v5 57n81 68r4e idt11 8021u 3np5q

x2o87 40d94 21k9l 052c8 w1o02 i4wew

0y63v 1fc5z 98o83 1633u 0cln2 h480m

ob50j m7vm2 3r50j 0by2s 6g165 h6q5g

h9tl1 09h82 49gvr 0a76c 3h1d2 cu8t1

443n7 ozr51 04ye7 6w9p0 6xjb0 ks1v5

38t5f 2n1u2 927l9 j7vkp 81ogh 7k0fb 60eph

6n7t8 o2o1t g848c 9oeg1 7z173

Tag 28

n4h92 85w49 fkl25 w3r55 4z237 0bujr

6vr9s 38bct 87192 s27gz 930a9 2god8

v94w5 52z47 tgny2 dy614 78820 20q48

9pm45 6l87j 25g6w 1a3l4 l5i23 981k9 l2453

69083 g6j69 zquk9 05o63 8bip1 rm8l0

su499 fj971 lp213 5q366 2vo3t y01l4 0e9el

00sl1 m209z 8q9yh sk946 4toe7 7bkqi

q2ruj v6pw8 0j8rn 7935l x0l29 ry9bu j7rz6

a1d97 690x4 he2jk xq616 kd26w 6x345

xp89s o73r1 4se70 61329 ekhw4 ociyg

Tag 29

s4299 y2e16 z0kai 58q48 77z47 7zo39 51v27

xkgwv 21l0p xziwv 59wrs 1sa2y hixe6 9t4n6

t4666 tm0ui cpo4t ji432 m289x 738jn pjes7

q8h0q xi907 b8o3f x3t63 jv0ed ltsq4 68sy4

sy258 40930 r1oec 905x5 0z63g 849w0

77lt1 hfa86 3a34a 7or59 ja7xh o93r1 q8y33

5ym57 v5633 yl8j1 63n84 c35i5 72qgy 9j5pj

4582k 528yl jk6hv u0wzm u5pu3 15k2c

xnk1n 9os0i 1u14j hw7g3 2tlsv 9zl3k j5wt9

0owuf 48hi0

Tag 30

Wiederum solltet ihr ab diesem Tag eine Pause von drei Tagen einlegen um in euch hinein zu hören. Wie steht es um eure Schutzmauer? Konntet ihr Strukturen emotional etablieren, die hilfreich für euch sind? Wenn ihr mit dem Ergebnis nicht zufrieden sein, könnt ihr die Lektion so oft wiederholen wir ihr wollt. Denn hier ist, im Gegensatz zur Lektion 1, die Regelmäßigkeit der Schlüssel. Wenn ihr Erfolg hattet und etwas Konstruktives etablieren konntet, könnt ihr mit einem anderen positiven Gedanken die Lektionen ebenso wiederholen um diesen ebenfalls zu manifestieren.

Wenn ihr alles gefestigt habt, was ihr festigen wollt, könnt ihr mit Lektion 3 fortfahren.

Lektion 3
Die Umprogrammierung

In Lektion 3 geht es um den schwierigsten und gefährlichsten Teil der Manifestation: Dem Verändern eurer Umgebung zum Ziele eines verbesserten Lebens für euch und für andere: Die „externe Manifestation". Da dies einen großen Einfluss auf die Simulation hat, in der ihr lebt, ist auch das Feedback, das dabei entsteht, entsprechend groß. Das Pendel schwingt immer zu BEIDEN Seiten, wenn man es anstößt. Je mehr Kraft wir in die Manifestation stecken, desto größer die Gegen-Kraft, die auf uns zurück fällt. Nach dem Prinzip „actio est reactio" hat somit alles, was wir im Äußeren Manifestieren (ob bewusst oder unbewusst), einen „Preis", den wir zahlen müssen. Wir sollten also sehr drauf achten, WAS wir manifestieren wollen. In der Regel können wir den zu zahlenden Preis nicht steuern, denn der Impuls erzeugt einen automatischen Gegenimpuls in umgekehrter Richtung. Nur mit extrem viel Erfahrung und Übung können wir dieses Feedback lenken.

Doch damit brauchen wir hier an dieser Stelle nicht zu rechnen. Alles, was wir wissen müssen ist: „Magie hat seinen Preis". Und wie Magie mag es vielen Menschen erscheinen, wenn wir, Kraft unserer Gedanken, etwas in unserem Umfeld verändern wollen.

Hierbei spielt die jeweilige mentale Verfassung eine zentrale Rolle. Versuche ich in schlechter emotionaler Verfassung etwas zu manifestieren, so wird das Ergebnis mit großer Sicherheit destruktiv sein und Schaden anrichtet. Doch wenn mein Geist klar ist und meine Absicht konstruktiv, so wird dies auch das Ergebnis sein. Wir können nicht einfach hingehen und so etwas wie „Weltfrieden" manifestieren. Das zu denken wäre sehr naiv. Sollten wir dennoch über diese Kraft gebieten, würde uns das Feedback, das dabei entsteht schlicht umbringen. Wir würden Milliarden von Programmen beeinflussen und die Energie, die dabei bei den Individuen entstünde, wäre in Summe unbeschreiblich. Doch wenn 1 Million Menschen ein solchen Vorhaben in Angriff nehmen, teilt sich das Feedback auch auf 1 Million Menschen auf. Die Teilnehmer teilen sich somit den zu zahlenden Preis. Doch hierin liegt die Schwierigkeit: Menschen sind in der Regel nicht zu vereinen, es sei denn sie haben einen gemeinsamen und sichtbaren Gegner. Doch der wahre Gegner ist unsichtbar und nicht greifbar. Er ist überall und tief in uns drin. Also müssen wir klein anfangen.

Für den Anfang würde es vielleicht reichen, dem Nachbarn, der gerade eine sehr schwere Zeit durchlebt, mit einer Manifestation unter die Arme zu greifen, in dem wir eine Verbesserung seiner Situation herbeirufen (wie auch immer diese aussehen mag).

Der Preis den wir dabei zahlen, ist sehr überschaubar und wird vermutlich gar nicht wahrnehmbar sein. Oder wir glätten eine unangenehme Situation, die ständig von außen an uns herangetragen wird. Denkbar ist alles, das denkbar ist, im wahrsten Sinne des Wortes.

Doch man darf eines nicht vergessen: Es handelt sich hierbei um einen klassischen „Wunsch". Nur, dass dieser auf einer derart hohen Ebene ausgedrückt wird, dass er sich manifestieren kann, ohne, dass man dafür eine imaginäre „Wunschfee" oder einen „Flaschengeist" braucht. Ihr alleine manifestiert den Wunsch. Euer Wille ist es, der den Berg versetzt. Euer Gedanke an Verbesserung ist es, der eine Verbesserung herbei führt.

Aber natürlich kann auf diesem Wege auch Schlechtes manifestiert werden. Doch auch hier ist der Preis genauso hoch wie bei Positivem. Nur, dass die destruktive Welle zusätzlich noch Dinge in Gang setzt, die wiederum destruktiv auf uns zurück fallen werden. Man sollte also sehr aufpassen, was man seinem Nachbarn wünscht, denn manchmal gehen Wünsche in Erfüllung und der Preis den man dann zahlt, ist manchmal unbezahlbar!

Ziel dieser „externen Manifestationen" ist es, die Umgebung in der ihr lebt, für euch und euer Umfeld zu verbessern. Eure Aufgabe ist nicht die Rettung der Welt. Aber ihr könnt in kleinen Teilen dazu beitragen, sie zu einem besseren Ort für euch und alle anderen Lebewesen zu machen.

Um eine solche Manifestation überhaupt erst in Angriff nehmen zu können, solltet ihr in Lektion 2 sehr geübt sein. Ihr solltet frei von destruktiven Einflüssen sein. Die Medien sollten lange der Vergangenheit angehören und im Kern solltet ihr frei von Fremdprogrammierungen sein. Denn erst dann kann euch eine solche externe Manifestation überhaupt erst gelingen, ohne fremde Hilfe. Und die hat nicht jeder.

Bevor ihr nun den Code aufruft um euren Willen zu manifestieren, solltet ihr euch nahe der Trance befinden. Sprich, euer Bewusstsein sollte, so nah es geht, eurem Unterbewusstsein angenähert sein. Jedoch ohne, dass ihr dabei vollständig in Trance geratet, denn dann öffnet ihr wiederum Kanäle, die von außen angesteuert werden können (s. Band 1). Am besten gelingt dies durch eine „flache" Meditation in der ihr euren Geist klärt und von Gedanken befreit. Nur ein ruhiger Geist kann einen einzelnen Gedanken manifestieren. Der beste Zeitpunkt ist morgens kurz nach dem Erwachen oder Abends kurz vor dem Einschlafen.

Der folgende Code sollte laut und deutlich, möglichst gleichmäßig und fehlerfrei gelesen werden, wenn ihr dazu bereit seid. Solltet ihr dabei Fremdgedanken wahrnehmen, brecht es sofort ab. Solltet ihr euch auf irgendeine Art und Weise schlecht fühlen, brecht es sofort ab.

Solltet ihr Visionen erhalten, egal welcher Art (Stimmen, Bilder, Töne), brecht es sofort ab, denn dann habt ihr die Grenze zur Trance bereits überschritten und eure Manifestation kann „fremdgesteuert" werden.

Eine Warnung sei noch gestattet:

Diese Form der Manifestation zieht „Aufmerksamkeit" auf euch. Möglicherweise mehr, als euch lieb ist. Daher geht sehr bewusst an die Sache heran und überlegt euch gut, was ihr erreichen wollt und ob es den Preis wert ist, den ihr dafür zahlen werdet.

Wenn ihr dazu bereit seid, beginnt laut und gleichmäßig vorzulesen:

Tag 1

a479y 031c2 71c01 5349i 56sx4 op8fp i264n

745tm jp87v 0btj3 6qy83 5jzy4 t88vo 9ln2o

yp02m 6d587 cs0dg x5672 8h3fx v3o3u

8cw68 3bqf8 xs26j a8rj5 kipn2 0951j 7e283

fs7tn udz54 9p6m6 5rxjb w69x3 2g8f6

4oy59 67e84 43k9v 01jny tf2h3 v82xx 32t4t

1g0f8 ey9xo 53w16 48mod ga7r7 1xa8f

6njde 13dz9 wy3eq 93138 o4o1y ux55g

4f4y3 9dgd6 1b4jm pxhn9 7u291 5d6bu

u5z4k 9z9k0

Tag 2

di599 651a1 2jl24 r8pz2 r7ak6 uz848 833az

nsu59 b9lvt 3vu1j 1r8o7 pa78o t514g 2gdki

33452 yo4bk l5542 o9945 4g4i1 f72j1 x9k44

sg8zu 0m0oj ew3b5 x4csq 6j3i9 q57l5 jii6v

0mavz ldqg2 0oz3f x03d4 ggjge 7uf59 1u1fr

53lno klf7s 61841 br32h 6q1vc sy9rk 7wn8b

lx7h7 jq7uk 64nfw 80291 uf70r 224m2 1i8z7

ia5xj c360q 6jpy8 7wt6b cy2v1 60v57

2w83n nic7d h29k7 6g78q v227g 0q0j3 rrjd7

l7es6 dyl83 2n78y

Tag 3

540vp m25xu 4i1p3 t28iz 194al 7l697 kk45n

2c2ui 782k2 i4mz9 dtvt8 434u5 w0416

3048w k72qv 88534 v0uv4 y8g6f rbx05

5g98l dl28a g589e od073 8c9lm phl9k

0dubc ayn9z 931mo 16d6c 5964r c4o9i

3p258 3v75e t0rm0 m78c2 h14uo rpnge

51862 r4d2j w9rkp jy294 89h63 c7via v8588

2tlbq m1y98 39lou 940bs 6sdqd 98at5

949zh 1tc69 630ft 4dux2 2214y 3k7z0

98m6m n6405 87ex2 ibh7l s3x69

Tag 4

2819v 59168 91h2f 75ag2 n6325 h6mpw

9migj j41zn 00kg5 7mg3s y74ri 3454w

2up09 hf2n1 fvv1k 7ogxl 1850x 982mm

0mtr7 rnd5u 08we3 z7r56 ah8s7 yw1q9

id0y0 8cv1y n64a9 qo017 m6193 p8b80

4s3dc zc511 i7648 qtfq7 wb80v 06jbp z96j7

9v642 4mhu4 qcrb9 y8rdt 0sw50 8i6sg

d481n 613js 08129 k73g1 7dyvc 3jo26 xf11l

v207v 573t6 7z7ka 3848f 0zv15 02842

0005d 9fdkg a3577 n03fd 8in05 51605

Tag 5

iddvt 7nl97 34v3h jqphz 21k75 4d816 og35f

3x74f wys6d 4xut5 1j845 6fnd1 39nv5 5b3t6

8472j xz589 0ctst 30woh 9zpez s08c8

up52o 584am cbg9j vlq25 66j4c 0j06t 927ci

6q1gu 68r69 607nh x1d76 rlte1 grr0s 473cz

4lyxc 6i2c1 bvu68 spouc z6n7o w9i57 6z7w4

7b833 8zy7n 0v4jy 9651m 5o1a4 6x9db

78m87 d27po ex168 35wq3 16n40 8p511

3k5uh 2f5d6 gr5g1 znfmk b31qb 5mgk0

u93f8 tjyht 69lxg c4m60

Tag 6

i0vd0 n2xbr mq2fm q669p 26slg 191t6

ygj53 o3934 7h2t4 53349 o09k0 vq211 aiyx9

d87ra 2d829 lmw5m 34fv2 molum sj312

ev9jt x1ika 86622 k4rv5 dy595 wayu1 31vg2

bispi 7ia67 r07dk y3231 cz92c jt8v0 q12sk

96by2 1az9l 9tmb7 365r5 asn26 xk3te

ab6w5 9qfkl bjof9 79757 nzni6 c5itc a5x3g

flcc2 zd8uq yf0h1 78y71 y7y6l x1sdn 9j3zd

2jy4m y0elx 1tvi3 w2k3f e9z13 yk8w5 r045q

0268m qdo3i tf2ml gwx9c

Tag 7

h76bs l886e p9i6r d9c49 9b93n gq8qg

en64t 24j3o 6p7u3 01b12 z7vqo 172q2p 297r

5kizi q8qbg a40b2 rc9xa ej321 0m7yr 1f10i

wol93 vhqw4 dy75n mpg67 i9j70 u8y9d

15y25 5hjf0 1o728 53vt2 ovcrn kjn03 06kj5

z5bj2 j9417 87t3b hs7m2 7362g dj4pu 9z247

87b07 pi123 6ii67 5064i ry76v 20537 rs100

j4k10 w4p92 71860 y2uin mhy82 wozzu

0jg6b kz8on 4ca90 7925c 315rk m648t

ngwh8 27b24 zql0i

Tag 8

6qv4f 03sne iue0u 9j567 0i700 9813g 0ftry

05r7o 495aq hqryx 1a3w5 v9wq5 3xx66

8nos2 ym79a 7chpd bst9y zin23 pib4s

50g68 k16u4 d9izi 9h175 e5d0t 2cvd2 87s44

e67q1 1h5fb n1zc5 ov4ib qr4x0 hd11s 5v36o

8n4fl zzkut qzt17 q81q6 k3a50 o2gru p4364

tfpak rxa3x 01lt1 p2a9o 8rr3n d8087 x0t0t

1dbw8 53k62 860k8 71697 1woc6 3sl0c

3fb54 7r34z 8876e 97382 i3yd0 7nh91 8vbjf

io758

Tag 9

8zg5w 8si3x 6O45v 38i4f 9588x cd3sx

o6nky 53fs5 i7w92 w8543 438qk 4f93e

2v4n7 i6c56 7jnrc e8h9O 21vee l469O d89uq

4xv87 rb88v o4dfq 5ugng t4j8e 26dvO

rc1oh h4r43 4557s zOhpO 98ml9 8s329

93092 6jO48 3848a mlsd5 tkw3a 1kyOs

yp6lz 86155 szvbi aruzf vbzcr ey775 4dh99

6cjwm Oa3z5 l4vr2 syOek 881e1 g538w

2izO1 9ks6r u367g vmezd n241z n6OO1

vOxmw xgcon 78637 g4t41 e3lyz

Tag 10

6k541 zrtfp v6ne7 7ce50 y3ze7 7k14p kk79x

f26tj 3rlmj sox0r 290f5 o44ad mo6h7 av10u

ee8a0 0zpty faju2 xqq6n 96n3l 480g9

hso8d b2u07 ic5eb 7gm0i 7jmq6 e1019

4j229 qc856 9o546 8r3q8 272nd ka3y1 41iuv

34ka7 1467b 55qwx 5rr0c mdk68 tnsx5

y1fr0 rki15 r2a4g z3gg8 g8255 52iu9 8bywh

heyp1 zj766 ok5s4 ye812 85035 09efu 3rf4h

i8o3v 2xh41 z6b8i 8hqt3 5y5g8 96ll2 738in

zf6i9 c92yg

Tag 11

a1757 k7gs6 lglhh lx747 sp011 97apn sf813

7ld15 8f9c2 l9cv7 17v9v 671cv 734u1 7vu4w

q095x ah756 r997e x71w5 38dba 01fpc

ed122 9rv29 3jeyc 944i5 zsh7w b3sro qq122

efpg3 ekyg1 q38uy 30rjk 26wva 6t4n0

44994 bhvmp up2p9 22kgu jz93d ab6lg

d026k 01h5k f7f3c 42b3b 782o2 8o75y

28m02 zr70g 3s608 88n7j zv226 11296

2wl54 55uil a0aj7 z7pn0 zn4cl 06xq1 30135

2t890 806t2 30ci6 sn678 9t891

Tag 12

94294 x7f48 vlf04 tmq5b 4bbn3 flq4i

vk9b3 k4653 9u5yf 5mg98 9cjd1 x499h

4epi4 14v63 8gouq 26lvz ioa0r 4mqu3

nfx33 3973y d0391 1s42k 4n5z0 h38t9

6y2nt o11v1 43a79 ifz7w 48562 myyka

7a566 241c8 x92ez hv754 2f206 0s77s

3udxb 58t1f t2p44 6505r 8475k p61x5 6a6l6

247i5 szsyr 6192n f85y4 1c1ih n8hxd g1j37

94kyf xr5i5 43a87 o4h7c 21w57 s3k2d 0fpl4

nn897 4a726 6500b 918a4 50jb0

Tag 13

94324 238o2 cmq25 hwgpc 40t8g 04l3l

61pp1 rnj44 ue490 jlqf5 5s52l 3nzq5 2j2zt

567av iez6g 13549 16lwl 7hh12 xr336 33v0t

n822v um7n9 09pi8 2w6bn 7c020 w4cy3

27ul1 0os4k sv6r1 i85k5 27609 30tv5 11e2w

gv8i3 smfo1 dj4re q819d ak83i 09b91 ghz5e

3936j j8884 05de2 mlyg4 tv4g5 6zwjw

clh58 t7r2h 381g6 bft53 gz5h8 9b544

oo298 9458a 42402 o4uti x0g32 5v754

5n66g 6a553 2tuzq go6c4

Tag 14

94j0k u194h 89hzb 7530h 62ke6 3au15

n18c0 1mp14 4x3tc 2819k c9rwv tj2b6

q58ct 5s8cf hv148 x4151 28h4h 503c1 9b979

p07tp 4aehj t3n45 fv0kw 11yp8 ga2zm

q630t g84n7 a7c3c 02kcv fwzam 4t6mn

5vn86 sn8v7 wk8f0 0d677 o05p3 50174

e6u4c n42w7 23234 dmxu8 cbo64 57x37

70x58 820jy 7fg43 ajst0 os0qp 334p7 39fxl

6ngwd u2vdf 5jcz5 1wr16 gh450 tf1dv e1455

nhvbt 8b3e8 ha04e

Tag 15

llx1y p3xj4 q2tqz d3luj mf57y ti5c4 i5a1y

6o7p5 y8e05 10yb3 461qf z40v9 zvuc0

je747 33317 v8gx4 hexo7 w8a71 lb0jj 3wa17

8m05s 5k34n 98b3u qouqg 89i5a 4cc16

q371m 5rlif 1u362 yr7e7 7r9t2 0vybd qfvsp

upwcu p12a2 7006h 1q2x8 jlyi6 81f2h g6s7x

4nov7 zd968 i08i6 7bh56 qlxwt dgju2 gj47l

u16b8 766cn bzofn kq1w5 6z08k o8vi7

g2p8i s1vp4 x9568 lc1z6 3k3j0 l3tix 41852

b755m zwq1v 7k3gn efdi4 shlah

Tag 16

dqy73 14wix 8sxz8 jo215 645s2 97rd0 ds7sx

rv3i3 v79t2 n04d3 36b3g t6bc7 8pm3y

861i5 08veu 2wj50 7v177 6mdiy dfs5g

bs80d zm113 12j87 rmti9 v99h0 f5835 8y58j

9b7p3 4u981 jc831 04268 pss4o 8rdqp

26q2y zhsi7 5tt5d 2uu70 mr8xf lu337

306m6 rwi38 8bt2i w936q 574xg 0q512

tupv8 ff45a 1zorn 7xn7q oz898 ldc7k

m1bcm 09744 7l9qq 238v9 7728d 2ed20

8er62 950ag 7kwf1 5o77p

Tag 17

dka6k lo2h4 nh78s pd90f 8ctnv 9m7ld

401r9 992b5 p3o73 7bl89 63s6g uc425

8z91u sb411 a4618 6nw5i v4oek 98169

3u5ex 9g7w2 cx683 x8j71 6q1ew 9xjlv 2n7t0

j0it1 9k5ax 1cz51 ih63n w03q9 2nbo7 3i831

4399g fe424 luscg py358 1e6f4 jb1b4 050e2

xqsu6 c75wr 4ws90 161f7 t5xeu 60fc4 tyk9r

i88od 228k2 20885 8g7b3 d6rnx lh58p

6la4c 70c4m vlw9e 1d63x 73gl9 yl2x9 71348

a32he

Tag 18

x4c5g i8u4c 3ympu 55u3x 6toh8 fn1yp

gtq5q vnwtu i8n67 t97jm 92n4p hs3ib 27v8j

5v595 5cy3q v73g3 oyyl9 2n733 9077a w2l8j

1q47l yy4f6 3c5e3 f343x g314e 7044a v0r63

589ds 886u7 8p246 i4n07 4xd0a w36h5

pm9c4 qbt65 qr72j 992p0 91215 3xymd

2k65p 2a9v4 28k55 a702d 41793 vix2z

39nb1 ge6z7 6a94i of81i 9st0s kt61v 77hm9

zzpi1 3heea 15c71 wl8p4 mr113 l6884 6g702

f7jf3 7yf1y bpbn4

Tag 19

9ho2o 0oh32 i0dql b485l sc1z4 9aepx aevgl

722z7 e6gkd f3d1i o189f f9u25 371j6 n6q2f

7vptd r3p7u 4l0y9 81m18 e597i qrt1m u0ql2

wre79 36eex 97p61 k99b5 051f1 3d826

44x25 v241t r9n43 40mje 34k07 7u5y7

3bl3c 35052 gd8vl 15b3w 2r8tg 55990

1t62m c78sm ao1gv qt48p zc3mp cb3bf

h53v3 79u4i 4v06p nwnq3 qwqh3 q006j

01y69 rk63q vz7wb 1mpg1 27xfe pep40

q3891 zw64q c0m3x 74644

Tag 20

g1ye9 5ti5p uywz1 ml780 1ju7g ji8hm wu0cz

20811 n3bf2 360y1 45l54 018w3 bq9f6

34n7o 33jcy pc49k 5qo20 3wwf9 ht9q4

w77b7 n13f3 121f4 j0n24 557c6 xa71p n0623

1u8l6 709io zayuz e7r4f a8576 a2568 nu6s9

67kzb 8p8iu 1jorv v5fn5 d97g8 v13ot zw83r

pr7q2 i0qff 9w3a1 c2g69 p1b31 9d8ll e2irf

g0831 5w4l4 9ynr5 9b39h q3bg5 7i4tk v71qr

209b6 o700q n9xtn 3d2g7 6200t y0f8l

Tag 21

v6463 f1649 j3kv1 338p1 3xvoa n9582

9xkdp tm6b4 3234l 4yqu3 924r8 d0502

9vo1m 919u7 290q6 1a02d 353xo 485j2

r3us9 8ql05 l99v7 p23no zgslt i8jn2 8iv73

86fd0 4hbb1 2e1s0 35xqj a5k72 722w6 7jv10

gaw64 h090h w79o8 v7yoe k8vti u9vhf

b70yf 4d30n z0p97 c24at 7vyx5 2bah5

96fxh 3f1gy yg3j3 0x1yc zcsnq pg1sy g4g3j

4g894 37x91 kzbh7 r4z79 479gi c1gd5 h9517

ri0jw x3x94 9vhyl 3do8l 4x2j5

Tag 22

s52zy q497g 96d2h 51e8a 0d0yp 5l7g8

zj0d1 53j83 12s37 6184x 487ak w0a35 es4yd

jrc0o ad3mn gt7o1 v5wqj 43548 z41s9

d34dq y1frd 1v5pn 2t171 p4ly9 lj9u6 25633

2x5po f1278 81x50 9h309 8omb0 7825k

k9y7o s0420 64a8q z8515 uuu78 rv6m2

j653b iyv9x 97m2z ij04q 8386l e1990 8al01

s7ja1 r47pb 3a7rq y6n5r 0919a 09y9r kwcfy

53190 256j8 13t47 ll8er w7198 msh8d 6x0j9

579u6 0z0l1 ni90l q7s07

Tag 23

h7csn z70j5 4h305 0ch86 kycyv 5kok2

50wrq w1z23 18w25 kvvs9 w4996 70dm6

56zng 3368d 7qx9e 5qpv7 0j0i9 3diz5 bz279

7vup2 8o519 1s1fe s46ow l5n4n 5q7yt 77813

oo039 8291y j86c5 73172 t4xzu cjo3j 1ghhx

v3180 qgjg1 ole05 97922 sght6 i7kq7 4owv2

g3ji5 4up9x u788l 813v1 p051q jrfd7 88m6e

2x63p j8lhg 0554f y21wz 6mp21 df80x

huto4 1o5oa ynh6m h71of b2mdw 663h0

9x37p d5oq3 prh8a

Tag 24

2egh3 9i5j9 e7202 1e58z q5evs 0r41o

km267 3076n 6g10l 9dn73 96xy4 ul0m7

0b9f9 1fz04 7141d kp237 72zk7 70nbe jj0cw

272cr 6j5de 7olhe zh0yj l35n3 8cph0 y274m

96nwj 675sn 8rh0m j6152 7ut3s su90x

0oe7p 3w9tm 840tk 8er57 w504c t0qi7

ikx90 5n4eu 4l64f 1jvw0 9ll24 4lfan q288c

z5kz2 wufix 4lk2n 73574 93u22 5f9pf b600e

kf3na j61j7 ak5c6 t5012 arzi1 urhk7 f9i6x

50zx3 0nwpx yk57o 4l6v0

Tag 25

s5ryd j768s l94i5 qrw76 i267b 9h7l7 ohdpr

ghhy9 wbidx 5nb8q 62fh7 29sl9 43g6z

xe5f0 5j7bg 41700 80f2r 1mkyl 912iq 190rs

8f95m i1mp9 9jre3 a20y5 83v8a 8wrbi

r1529 f3m40 uc3q3 k9h7n 0nhuq 01807

y0gy0 7kcs9 xt7g2 6axg0 reis1 n62wu 3im1f

7ejs8 qi2n2 9a2b3 6b22n 2i4gb uxdad p8f14

glzho 1738p d4u2n 57970 a2x84 7639u

7mtrm 7986p ob5ik 87256 q6kv4 6a427

o0lgb m9j00 60m34 ir98n

Tag 26

3cn17 5g742 hvc47 op9s9 w801v giuu1 z4fb5

68n00 m6098 9179n 256eh 6eej3 7ru6b

12hoz 2cye1 qs426 g0amx bk7d3 abb3f

9zise 45vov o4zbv x568q glhx5 0k3u8 679s4

76oc7 u0x88 642j3 3qdtq v381e h70ns

j6vu0 142f9 25k55 fp6g0 78wte zvlj0 vja0x

sfodw qt18w uh8h3 686j3 8q771 p40c2

105h1 927wq hueg6 4d40l u4mw0 q1uk7

y5p49 i2gmv q7ul2 9h19n q1mpg q7oz9

63hbi xo9wa ysac9

Tag 27

888n6 ppof4 mmmn4 2jhc7 8i5pd 1bma2

8d0u8 bcqd1 9vi64 1o911 0ay2h go4s8

3g93o og8r8 89s67 dr52b x8597 ga3so

m1hz3 iscg8 uo926 02tw6 qja55 e2i16

k03bp za57f tmxjd 6xj24 z962c y64qt

43n4u 9u6cj m6689 ozaf9 akqiu lji22 02nld

296zl 2k4wr i1wiw tt58x i7r54 6dsz7 833f8

fk24f n254f 1p9uq v4d1q 2gu5u 8py26 19gnj

1j4p7 016f9 6lypx 0pvz2 6303e 6t03d 1gz97

9e2i4 0c7x1 86yr1 t9636

Tag 28

aar0p jxx9w x7oi5 axc46 4rkj1 07373 ce5j6

02eg6 7309k 775m4 11d44 iyykd tflg6

78owt h80na mk2j3 iv86i 3i4ul 83p82

wx76w sc1b1 5f760 ns2m9 46ax6 y6163

65kkl 141aj t14bl xwh46 7578y gt015 8tb75

d5bha 26um9 d3hr4 49l8q jq763 kw9je

0wr1k lekfy spmtk 8at3w wgi5t j0c64 f8v78

986fk w9556 e77uw zm73q 81y3e qn5m5

y22l3 s8322 xmo96 y7i0w y0s16 ti07n

7k326 t8d77 mvbhk q1k62 5x94e

Tag 29

l045j e4hgj tex2u sep8l fj9ss 220ia wtdk3

21ytd 82vb7 18591 f9jiu 6qrv6 74uq2 ah25p

e105v 738ll r5386 cco75 w8mex 6j951 162vp

53q76 mi4aa x7dzr nyka6 wnr01 byc92

s2n2q 54ia7 xp734 arbmi dpn51 0koov q1zl0

6u684 z34q0 5064f 6llj9 x3c32 r0xqr 5r456

dqxl6 5a92f tn268 903hi jr8b3 yak8i iu1v2

wludn wyz44 1n997 36tu8 8d485 p23l4

72ufq 3j3jj 97k26 1we7j 8r41k 354dl l74r7

6n1j2 d955b nq789 ok33k

Tag 30

Im Idealfall hat sich jetzt bereits die eine oder andere Manifestation eingestellt. Sollte dies nicht der Fall sein, solltet ihr euch, bevor ihr es erneut versucht, überlegen, ob dies der richtige Weg für euch ist. Möglicherweise übersteigt es derzeit noch eure Fähigkeiten oder andere Faktoren hindern euch daran, das Gewünschte zu manifestieren. Ist letzteres der Fall, so wird der erneute Versuch zu einem vermutlich noch höheren Preis führen. Versucht nie etwas mit Zwang zu manifestieren!

Dennoch solltet ihr euch nicht entmutigen lassen, es weiter zu versuchen, denn nur ihr selbst könnt wissen, zu was ihr fähig seid und zu was eher nicht. Hört auf das, was euer Bauch dabei sagt, denn er ist der einzige Ratgeber, der euch die Wahrheit sagt!

Wenn ihr die Möglichkeit habt, vernetzt euch mit anderen und versucht, etwas, das ihr alleine nicht manifestieren könnt oder wollt, gemeinsam in Angriff zu nehmen.

Wenn ihr davon überzeugt seid, dass euch diese Lektionen weitergeholfen haben, dann teilt euer Wissen mit möglichst vielen anderen, von denen ihr denkt, dass sie dafür aufgeschlossenen genug sind. Doch hütet euch dabei vor Menschen, die Destruktives manifestieren wollen!

Je mehr Menschen Konstruktives manifestieren, desto höher wird die Chance, dem „einen Schöpfer", der die Welt fest im Griff hält, die Macht zu entziehen.

Ich wünsche jedem Wesen, das es bis hierhin geschafft hat, alles erdenklich Gute und viel Kraft, die Wünsche und Manifestationen konstruktiv umzusetzen.

Solltest du, der diese Lektionen absolviert hat, Erfolg damit gehabt haben, gehörst du zu den Menschen, die den „großen Sprung" geschafft haben. Wir würde uns freuen, dich kennenzulernen, indem du Kontakt zu uns aufnimmst, falls das nicht schon geschehen ist.
Du kannst mit uns auf Facebook über die Gruppe „Mythen und Mysterien" Kontakt aufnehmen oder direkt per email an: bryan.blackwater@gmx.at
Du erhältst von uns dann weiterführende Informationen, die dir helfen, noch mehr Änderungen herbeizuführen!

Möge ein Licht auf all deinen Wegen leuchten!